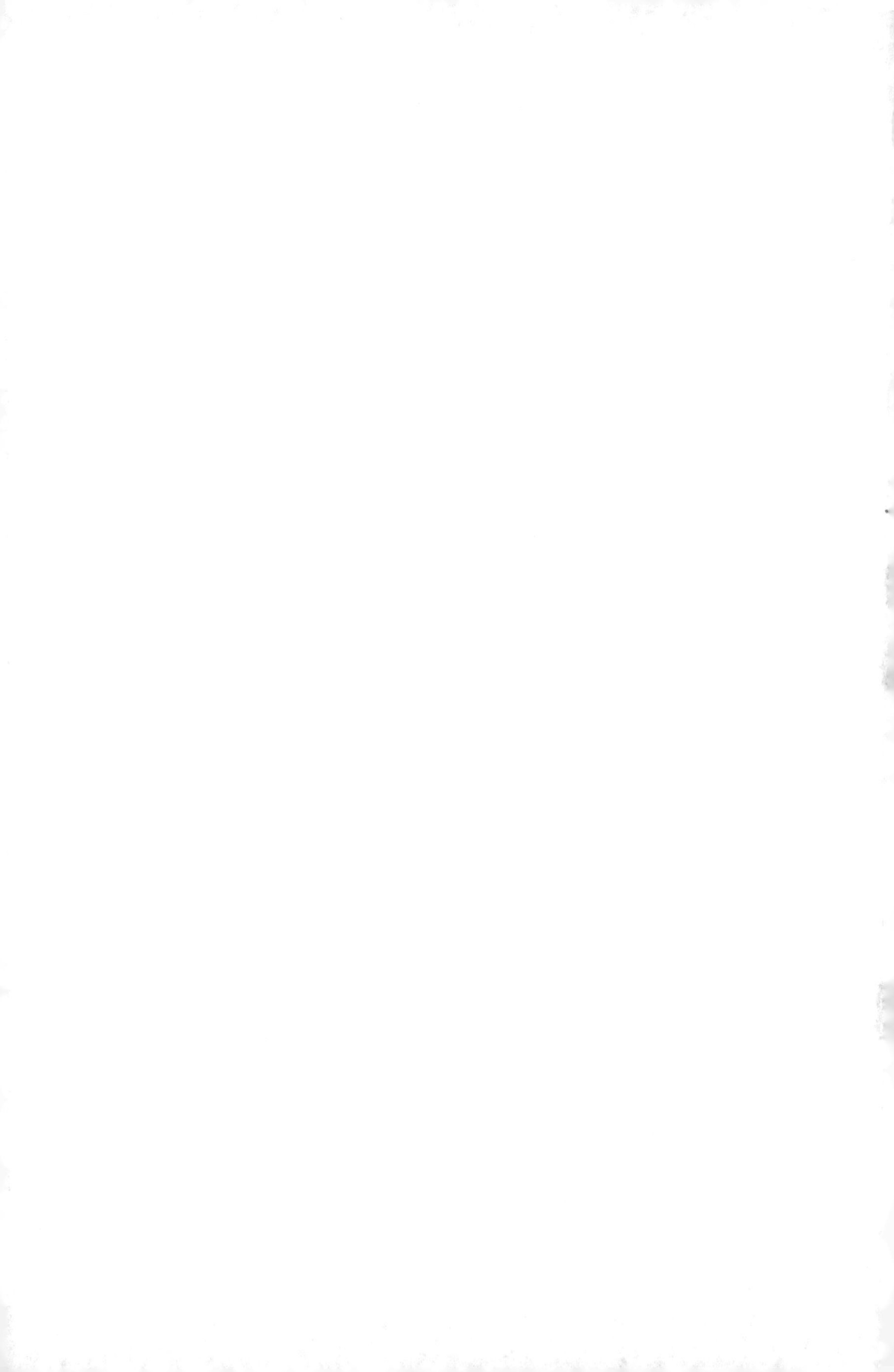

VILLE D'ARRAS
(PAS-DE-CALAIS)

VENTE aux enchères publiques
DE LA

COLLECTION

de M. J. MONVOISIN, ancien Avoué

COMPRENANT :

FAÏENCES & PORCELAINES ANCIENNES
TABLEAUX Anciens et Modernes

GRAVURES anciennes, DESSINS, GOUACHES

Ivoires, Miniatures, Biscuits, Emaux, Cuirs de Cordoue

MEUBLES ANCIENS SCULPTÉS
des époques Henri II, Louis XIII, Louis XIV, Louis XV, Louis XVI

TROIS BELLES TAPISSERIES D'ARRAS
en excellent état de conservation

BRONZES D'ART & D'AMEUBLEMENT
LIVRES
BON MOBILIER MODERNE

DONT LA VENTE AURA LIEU A ARRAS
en l'Hôtel des Ventes, rue des Trois-Faucilles, 20

Le MERCREDI 25 OCTOBRE 1893 et Jours suivants
DEUX HEURES DE RELEVÉE

PAR LE MINISTÈRE DE **MM. ADVIELLE** ET **HENRY**
COMMISSAIRES-PRISEURS A ARRAS
chez lesquels se distribue le catalogue

**EXPOSITION PUBLIQUE : Le Dimanche 22 Octobre 1893, de dix heures
à quatre heures, et le matin de chaque jour de vente pour les objets
compris dans la vacation.**

Ordre des Vacations :

Le MERCREDI 25 OCTOBRE. — Mobilier moderne.

Le JEUDI 26 OCTOBRE. — Faïences et Porcelaines anciennes, Objets
divers.

Le VENDREDI 27 OCTOBRE. — Meubles anciens, Tapisseries, Tableaux,
Dessins, Gravures. De dix heures à midi, vente de Livres.

VILLE D'ARRAS

(PAS-DE-CALAIS)

VENTE aux enchères publiques

DE LA

COLLECTION

de M. J. MONVOISIN, ancien Avoué

COMPRENANT :

FAÏENCES & PORCELAINES ANCIENNES

TABLEAUX Anciens et Modernes

GRAVURES anciennes, DESSINS, GOUACHES

Ivoires, Miniatures, Biscuits, Emaux, Cuirs de Cordoue

MEUBLES ANCIENS SCULPTÉS

des époques Henri II, Louis XIII, Louis XIV, Louis XV, Louis XVI

TROIS BELLES TAPISSERIES D'ARRAS

en excellent état de conservation

BRONZES D'ART & D'AMEUBLEMENT

LIVRES

BON MOBILIER MODERNE

DONT LA VENTE AURA LIEU A ARRAS

en l'Hôtel des Ventes, rue des Trois-Faucilles, 20

Le MERCREDI 25 OCTOBRE 1893 et Jours suivants

DEUX HEURES DE RELEVÉE

PAR LE MINISTÈRE DE MM. ADVIELLE ET HENRY

COMMISSAIRES-PRISEURS A ARRAS

chez lesquels se distribue le catalogue

EXPOSITION PUBLIQUE : Le Dimanche 22 Octobre 1893, de dix heures à quatre heures, et le matin de chaque jour de vente pour les objets compris dans la vacation.

Ordre des Vacations :

Le MERCREDI 25 OCTOBRE. — Mobilier moderne.

Le JEUDI 26 OCTOBRE. — Faïences et Porcelaines anciennes, Objets divers.

Le VENDREDI 27 OCTOBRE. — Meubles anciens, Tapisseries, Tableaux, Dessins, Gravures. De dix heures à midi, vente de Livres.

CONDITIONS DE LA VENTE

Elle se fera au comptant.

Les acquéreurs paieront dix pour cent en sus du prix d'adjudication, plus vingt-cinq centimes par chaque lot.

L'exposition mettant les acquéreurs à même de se rendre compte des objets vendus, aucune réclamation ne sera admise une fois l'adjudication prononcée.

Le Commissaire-Priseur, chargé de la vente, se réserve la faculté de réunir ou diviser les lots.

En cas de contestation sur une enchère, l'objet sera immédiatement remis en vente.

L'ordre numérique du Catalogue ne sera pas suivi.

Arras. — Imprimerie Ed. BOUVRY et Cie, 4, rue du Larcin.

DÉSIGNATION DES OBJETS

Porcelaines anciennes

1 — **Arras**. Beau service complet, décor bleu, dit à la Guirlande, 326 pièces.

2 — **Arras**. Bol pâte tendre, quatre réserves, décor bleu, de Sèvres et or. Pièce rare et de très belle qualité.

3 — **Arras**. Très belle assiette pâte tendre, décorée en bleu et de papillons or. Rare.

4 — **Arras**. Compotier pâte tendre, décor polychrome, dit à l'anémone.

5 — **Arras**. Quinze assiettes, même décor que le numéro précédent.

6 — **Arras**. Neuf assiettes pâte tendre, décor polychrome, à la rose.

7 — **Arras**. Treize assiettes pâte tendre, décor polychrome, à la marguerite.

8 — **Arras**. Cinq assiettes pâte tendre, décor polychrome, à la tulipe.

9 — **Arras**. Huit tasses et soucoupes pâte tendre, décor polychrome de bouquets de fleurs.

10 — **Tournai.** Joli comptoir décoré en bleu et or, marli dit à l'osier (très belle qualité).

11 — **Tournai**. Six tasses et soucupes décorées en bleu.

12 — **Tournai.** Belle petite soupière et son plat, à bords échancrés, décor bleu.

13 — **Tournai.** Quatre assiettes plates à décor bleu.

14 — **Tournai.** Deux assiettes plates à bords échancrés, décorées en bleu.

15 — **Sèvres.** Bouillon époque Louis-Philippe, blanc et or.

16 — **Sèvres.** Tasse et soucoupe décor gros bleu et or.

17 — **Arras.** Trois assiettes plates et une assiette creuse, pâte tendre, décor bleu, marli à l'osier.

18 — **Arras.** Plat long côtelé et à bords échancrés, décoré en bleu, marli à l'osier.

19 — **Arras.** Deux assiettes plates côtelées, décor bleu.

20 — **Paris.** Paire vases, décor polycrome d'amours à cheval sur des lions (époque 1er Empire).

21 — **Paris.** Service à café du 1er Empire, décoré d'animaux à l'encre de chine. — Six tasses, sucrier, bol, cafetière et pot au lait.

22 — **Japon.** Trois bouteilles quadrangulaires, décor polychrome.

23 — **Japon.** Bol, décor bleu.

24 — **Frustemberg.** Tasse et soucoupe, décor polychrome et or.

25 — **Paris.** Six tasses et soucoupes porcelaine dite à la reine.

26 — **Saxe.** Statuette debout.

27 — **Saxe.** Quatre tasses, soucoupes et un flacon, décor camaïeu rose.

28 — **Paris.** Soupière polychrome à ornements de légumes en relief, signé J. Petit.

29 — **Paris.** Pichet signé J. Petit, représentant un singe.

30 — **Paris.** Deux flacons à odeur de même fabrication.— Chinois et chinoise.

31 — **Lille.** Deux jardinières à accrocher décorées de fleurs au naturel, époque Louis XVI.

32 — **Japon.** Grand plat creux, décor bleu.

33 — **Chine.** Soucoupe dorée à réserves de paysages ; au centre paysage et personnages (belle qualité).

34 — **Paris.** Groupe de J. Petit. Enlèvement d'Europe.

35 — **Paris.** Corbeille ajourée et son plat, décor dit au Barbeau.

36 — **Paris**. Tasse et soucoupe du 1ᵉʳ Empire, décor polychrome et or.

37 — **Paris.** Deux groupes polychromes, genre de J. P.

38 — **Japon.** Compotier décor bleu.

39 — **Japon.** Deux assiettes plates décor bleu, à la pagode.

40 — **Japon** (Imari). Statuette polychrome et or, représentant un guerrier.

41 — **Chine.** Petit pot au lait décoré de personnages en noir et or.

42 — **Indes.** Deux petits pots au lait.

43 — **Chine.** Théière décorée d'armoirie en noir et or.

44 — **Chine.** Deux petits pots au lait décorés de personges en noir et or.

45 — **Japon.** Bouteille décor bleu.

46 — **Japon.** Deux plats décor polychrome et or, belle qualité.

47 — **Japon** Deux compotiers polychromes et or.

48 — **Japon.** Trois plats longs, décor bleu à la pagode.

49 — **Chine.** Deux aasiettes creuses à bords échancrés.

50 — **Chine.** Assiette plate, famille rose.

51 — **Japon.** Trois assiettes décor polychrome et or.

52 — **Indes.** Deux assiettes creuses.

53 — **Chine et Japon.** Cinq petites assiettes de décors variés.

54 — **Chine et Japon.** Sous ce numéro, quantité d'assiettes, théière, tasses et soucoupes non cataloguées.

55 — **Chine** (moderne). Paires vases sur pieds en bois découpé.

56 — **Chine.** (moderne) grand vase.

Faïences anciennes

57 — **Rouen.** Grande et belle Fontaine et sa vasque, décor bleu.

58 — **Marseille.** Surtout. Personnages supportant des coquilles (restauré).

59 — **Rouen.** Cache-pot, décor polychrome, à la guirlande de fleurs.

60 — **Rouen.** Deux cache-pots, décor polychrome, à la corne.

61 — **Delft.** Porte-burettes garni de ses deux burettes, décor polychrome et or. Très belle pièce en bon état de conservation.

62 — **Delft.** Fontaine décorée en bleu, de forme hexagonale à trois pieds et deux anses ; le couvercle surmonté d'un coq. Pièce rare (restaurée).

63 — **Saint-Omer.** Trois assiettes fond bleu et rehauts blancs.

64 — **Delft.** Plat rond, décor polychrome.

65 — **Desvres.** Flambeau, décor polychrome, représentant un Chinois.

66 — **Moustiers.** Plat rond décoré en vert, genre Callot.

67 — **Moustiers.** Porte-burettes ajouré, décor jaune, genre Callot.

68 — **Moustiers.** Autre porte-burettes, même décor que le numéro précédent.

69 — **Rouen.** Porte-burettes et ses burettes, décor bleu.

70 — **Rouen.** Autre porte-burettes de décor anologue au numéro précédent.

71 — **Limoges.** Plaque. Cheval de Rhodes.

72 — **Nevers.** Cache-pot, décor bleu, à deux anses à torsades.

73 — **Illettes.** Deux petites jardinières à accrocher.

74 — **Niderwiller.** Moutardier, décor camaïeu rose.

75 — **Savone.** Brûle-parfums, décoré en bleu, belle qualité.

76 — **Avignon.** Chaufferette ajourée, décorée en relief.

77 — **Strasbourg.** Deux cache-pots côtelés, forme tulipes.

78 — **Rouen.** Petite fontaine et sa vasque, décor polychrome à la guirlande fleurie.

79 — **Moustiers.** Soupière ronde à trois pieds et mascarons, décor jaune.

80 — **Savone.** Belle potiche à couvercle, décorée en bleu.

81 — **Moustiers.** Légumier ovale à trois pieds, décor vert, genre Callot.

82 — **Faënza.** Potiche à couvercle, décor polychrome.

83 — **Aprey.** Soupière, décor polychrome d'oiseaux.

84 — **Japon** (Kioto). Statuette faïence (avariée).

85 — **Delft.** Potiche à couvercle, décor polychrome.

86 — **Rouen.** Jardinière à accrocher, décor polychrome.

87 — **Rouen.** Autre jardinière, décor bleu.

88 — **Aprey.** Assiette plate, décor polychrome d'oiseaux.

89 — **Strasbourg.** Assiette plate, décor au chinois.

90 — **Nevers.** Plusieurs pichets non décorés.

91 — **Delft.** Assiette plate, décor bleu.

92 — **Lille.** Deux assiettes.

93 — **Desvres.** Salière à deux faces (restaurée).

94 — **Marseille.** Deux assiettes, décor polychrome.

95 — **Douai.** Encrier ajouré, monture bronze doré, époque Louis XVI.

96 — **Strasbourg.** Petit plat long au chinois.

97 — **Delft.** Quatre plats ronds décor bleu.

98 — **Sinceny.** Plat long, décor polychrome.

99 — **Moustiers.** Plat long, décor jaune au chinois.

100 — **Desvres.** Plat rond, décor polychrome.

101 — Sous ce numéro, les pièces de fabriques diverses non cataloguées.

102 — **Faïence anglaise**. Quatre statuettes polychromes. Élie, Jérémie, Nicodème, Pierre.

103 — **Rouen** (genre de). Paire potiches, décor polychrome dit à la corne.

104 — **Chine** (moderne). Grand vase en grès.

104 bis — **Chine**. Paire potiches en grès.

Objets divers

105 — Lot de cuir de Cordoue.

106 — Deux tableaux religieux en verre de Venise, cadre en bois sculpté doré de l'époque Louis XIV.

107 — Trois tableaux laque de Chine, sur verre, provenant du palais d'été

108 — Peinture sur pierre (St-Jérome).

109 — Plaque cuivre gravé (le Calvaire d'Arras), cadre bois sculpté.

110 — Autre plaque cuivre gravé (Notre Dame de Consolation), cadre bois sculpté.

(Ces deux plaques servaient à la publication des gravures vendues lors des pélérinages au couvent de Notre-Dame de la Paix d'Arras).

111 — Miniature sur velin provenant d'un missel (Saint-Dominique).

112 — Broderie sur soie à deux faces (abbesse).

113 — Miniature (Saint Antoine), découpure de Cadet-Roussel de Cambrai.

114 — Deux groupes biscuit — la Correction paternelle — la Correction maternelle.

115 — Statuette biscuit (guerrier romain).

116 — Statuette biscuit (Sainte Madeleine).

117 — Groupe biscuit, représentant les trois grâces, époque 1er Empire (provenant d'un surtout).

118 — Statuette biscuit, d'après Clodion (Enfant assis).

119 — Buste de femme en biscuit, époque 1er Empire.

120 — **Mennecy.** Statuette biscuit, pâte tendre, époque Louis XVI.

121 — Petite statuette biscuit (Jardinier).

122 — Deux bustes biscuit (Femme et homme).

123 — **Battersey.** Boîte émail fond blanc et rehauts or.

124 — **Limoges.** Plaque émail (Joseph et Mme Putiphar).

125 — **Saxe.** Jolie paire flambeaux émail de l'époque Louis XVI, décor de fleurettes bleues et or.

126 — Buste ivoire (Voltaire).

127 — Statuette ivoire (Marius).

128 — Buste ivoire (Napoléon Ier).

129 — Médaillon ivoire (Sainte Geneviève).

130 — Médaillon ivoire (Armoiries).

131 — Jolie bonbonnière cuivre estampé (Napoléon à cheval).

132 — Deux lions marbre blanc.

133 — **Saint-Cloud.** Six couteaux décor bleu.

134 — **Clodion.** L'amour au tambour. Très jolie maquette.

135 — **Carpeaux.** Deux bustes plâtre (Bacchantes).

136 — Miniature sur ivoire (Portrait de Hoche).

137 — Miniature sur ivoire (Portrait d'un officier d'artillerie sous la Révolution).

138 — Miniature. Portrait du général Palloix, officier anglais chargé de ramener en France les cendres de Napoléon Ier.

139 — Médaillon. Portrait de Robespierre.

140 — Série de sept cadres ornés de grenades, cocardes. épaulettes , dragones , boutons et plaques de l'époque de ia Révolution.

141 — Très beau fusil de chasse à un coup, monture argent finement ciselé, armoirie royale, portant la signature Le Page, arquebusier du roi à Paris.

142 — Espingole, canon bronze.— Carabine de précision.

143 — Série de dix plaques et médaillons en bronze, cuivre et fonte.

144 — Miniature sur ivoire. Portrait de femme, époque Louis XV.

145 — Deux miniatures. Portraits d'homme et de femme.

146 — Miniature sur ivoire. Portrait d'homme sous la Révolution.

147 — Deux statuettes mexicaines bois sculpté.

148 — Écran en soie peinte; le fourreau en laque de Chine.

149 — Encrier en terre vernissée .Cerf couché..

150 — Porte-liqueurs osier, garni de quatre carafons en verre gravé doré.

151 — Bonbonnière buis. Sur le couvercle, d'après l'inscription : Première vue de Marseille, exécutée sur le tour par Compignie, tourneur du roi, à Paris. d'après le tableau original de Vernet. peintre du roi.

152 — Quatre vases gallo-romains.

153 — Théière en grès de Flandre.

154 — Petit Paroissien, reliure cuir et or. Autographe et broderies à la main par la duchesse de Beïra ; sceau royal et armoiries.

155 — Sept armoiries en couleurs sur parchemin.

156 — Sous ce numéro, les objets omis, verroteries. etc.

Tableaux

157 — **Potémont.** Après la bataille. Bon petit tableau signé en toutes lettres.

158 — **Martin de Vos** (attribué à). Scène biblique. Bon tableau.

159 — **Martin de Vos** (attribué à). Autre scène biblique. Bon tableau.

160 — **Breughel** (école de). Paysage.

161 — **Franck** (école de). Sainte Thérèse. Cuivre.

162 — **Franck** (école de). Jésus enfant priant devant les instruments de la Passion. Cuivre.

163 — **C. Dutilleux.** Forêt de Fontainebleau. Étude.

164 — **C. Dutilleux.** Autre Étude à Fontainebleau.

165 — **X...** Paysage, signé des initiales C. R.

166 — **Franck** (école de). Sainte Madeleine. Cuivre.

167 — **Th. Fort.** Chevaux de trait.

168 — **Martin de Vos** (école de). Scène biblique.

169 — **Coypel** (attribué à). Sommeil de Vénus. Bon tableau.

170 — **Franck** (école de). Mariage de la Vierge. Cuivre.

171 — **École flamande.** Buveurs. Signé en toutes lettres à droite.

172 — **Aug. Toursel.** Nature morte, raisins et pommes.

173 — **Franck** (école de). Couronnement de la Vierge. Cuivre.

174 — **Franck** (école de). Saint Dominique. Cadre bois sculpté doré.

175 — **Ecole flamande.** Musicien.

176 — **Rubens** (école de). Le Christ et les Saintes Femmes.

177 — **Ecole françaises.** Portrait de Joseph Le Bon.

178 — **Ecole hollandaise**. Christ en croix. Cadre bois sculpté doré.

179 — **Ecole italienne**. L'Usurier. Bon tableau.

180 — **Buckner**. Paysage.

181 — **Watteau L.** genre de). Deux gouaches.

182 — **Ecole flamande**. Deux gouaches sur Velin. Intérieurs.

183 — **Ecole flamande**. Série de vingt-six petites gouaches d'une grande finesse d'exécution.

184 — Sous ce numéro, les tableaux non catalogués.

Dessins — Gravures

185 — 1° La Leçon de musique.

186 — 2° Le Lever.

187 — 3° L'Education du carlin. — Trois belles pièces en couleurs, entourage doré, époque Louis XV. Cadres de l'époque.

188 — **Fox Hunters**. Un Banquet. Pièce en couleurs.

189 — La Sainte Chandelle d'Arras. Dessin à l'aquarelle.

190 — L'Abbaye royale de Saint Vaast. Dessin à l'aquarelle.

191 — L'Ermite, d'après Greuze.

192 — La Veuve et son Curé, d'après Greuze.

193 — L'Elévation de la Croix. Très belle épreuve d'après Rubens.

194 — L'Attelage du Laboureur. — Le Retour des Champs. Deux gravures d'après Van de Velde.

195 — **Jules Thépaut**. Dessin à l'aquarelle.

196 — **Callot**. Six eaux fortes.

197 — Carton contenant une série de gravures en feuilles d'après L. Watteau, F. le Moine et autres.

198 — Album contenant quatre-vingt-quinze en-têtes et vingt gravures sur la Révolution Française.

199 — Album contenant douze gravures anciennes représentant les évangélistes.

200 — Les sentiments de la nation. Pièce en couleurs.

201 — Série de soixante-douze décors de théâtre en couleurs, époque Louis XV.

202 — Série de sept pièces en couleurs. Ruines de Paris pendant la commune.

203 — Lot de deux cent trente images en couleurs et pamphlets politiques.

204 — Lithographie, d'après Rosa Bonheur. Cadre bois sculpté.

205 — Autre lithographie, d'après Hugues Martin. Cadre bois sculpté.

206 — Sous ce numéro, les dessins, albums et gravures non catalogués.

Bronzes d'art et d'ameublement

207 — Cartel bronze doré, époque Ier empire. Amour supportant le mouvement.

208 — Pendule Louis XIII dite religieuse, ébène et cuivre. Cadran signé Balthazar Martin à Paris.

209 — Deux brûle parfums bronze, sujets religieux, ayant appartenu à Monseigneur Affre.

210 — Belle paire d'aiguières bronze ciselé mat et doré, époque Ier empire. L'anse, à tête mythologique, et mascarons dans le bas.

211 — Socle bronze doré, de style Louis XVI.

212 — Jolie statuette bronze doré, genre Clodion (l'enfant au raisin).

213 — Paire vases bronze doré de style Louis XVI, pied rocaille.

214 — Très belle paire chenets bronze doré, époque Louis XV. Enfant assis effrayé par un dragon ailé.

215 — Aiguière cuivre argenté, forme casque, orné d'armoiries.

216 — Statuette bronze doré, sujet religieux.

217 — Paire flambeaux cuivre argenté, époque Louis XV.

218 — Autre paire flambeaux cuivre doré de l'époque Louis XVI.

219 — Deux chevaux bronze doré, socles en marbre.

220 — Paire flambeaux cuivre argenté, époque Ier empire.

Tapisseries anciennes

221 — Portière en tapisserie ancienne d'Arras, Verdure. Paysage et oiseaux.

222 — Tapisserie ancienne d'Arras, Verdure. Belle bordure.

223 — Grande et belle tapisserie ancienne d'Arras avec bordure. Paysage animé d'oiseaux.

(Ces trois tapisseries en très bon état de conservation).

Meubles Anciens

224 — Meuble bahut en chêne sculpté, de l'époque Henri II, à trois portes garnies de ferrures du temps, et à cinq beaux panneaux sculptés, représentant des scènes bibliques. Au centre, une niche. (Meuble rare et en bon état de conservation.)

225 — Autre meuble bahut en chêne sculpté, époque Louis XIII, à abattant, tiroir et portes.

226 — Joli cabinet Louis XIII, ébène, à deux portes extérieures. L'intérieur à une porte et seize tiroirs ornés de broderies argent et or sur fond de soie. Sur l'abattant, face intérieure, une peinture sur bois représentant sainte Thérèse percée des flèches de l'amour divin, et deux petits panneaux brodés. Le piètement à quatre colonnes torses. (Travail italien.)

227 — Quatre chaises flamandes bois sculpté, époque Louis XIV.

228 — Horloge, cadran cuivre, signé Pignolez, à Valenciennes ; la gaîne en vieux chêne.

229 — Petite console de l'époque Louis XV, en bois sculpté et à tablette de marbre.

230 — Autre console (même dénomination que le numéro précédent).

231 — Cartel chêne sculpté. Le cadran ancien en cuivre doré.

232 — Commode merisier Louis XVI, garniture cuivre.

233 — Table à jeu acajou, garnie de cuivres, époque 1er Empire.

Livres

234 — Les saints Évangiles, illustrés. Deux exemplaires. 2 vol. in-8°.

235 — Imitation de Jésus-Christ, illustré. 1 vol. in-8°.

236 — Bible latine. Etienne. Lyon, 1545. 4 vol. in-8°. (Rare).

237 — Bible, illustrée. 1 vol. in-4°.

238 — Vies des peintres célèbres, illustré. 2 vol. in-4°.

239 — Principes de dessin. 1 vol. in-8°.

240 — Merveilles de la science. 4 vol. in-4°.

241 — Dictionnaire de Géographie, illustré. 3 vol. in-4°.

242 — La Bible populaire, illustré. 2 vol. in-4°.

243 — Mémoires pour servir à l'Histoire de France, 1815. 3 vol. in-8°.

244 — Tableau des guerres de la Révolution. 1 vol. in-8°.

245 — Chroniques et Légendes. 1 vol. in-4°.

246 — Arsène Houssaye. 1 vol. in-8°.

247 — Histoire de Napoléon Ier, illustrée. 1 vol. in-4°.

248 — J. Verne. Voyages extraordinaires. 1 vol. in-8°.

249 — Riche Dictionnaire des antiquités romaines. 1 vol. in-8°.

250 — Derbigny. Fables. 1 vol. in-8°.

251 — Paul Lacroix. Vie religieuse et militaire. 1 vol. in-4°.

252 — Arsène Houssaye. 2 vol. in-8°.

253 — La Fontaine. Fables illustrées. 4 vol. in-8°.

254 — A. Hugo. Histoire de Napoléon. 1 vol. in-8°.

255 — Chateaubriand. Divers. 3 vol. in-8°.

256 — Histoire de la Franc-Maçonnerie (Clavel). 1 vol. in-8°.

257 — Fastes de la nation française. Magnifiques illustrations. 2 vol. in-4°.

258 — Maurice Block. Dictionnaire de l'administration française. 1 vol. in-8°.

259 — Bécherelle. Dictionnaire français. 2 vol. in-8°.

260 — Le siècle d'or de la France. Album. 1 vol. in-f°.

261 — Atlas de la France divisée en gouvernements militaires. 1 vol. in-f°.

262 — Phil. Lebas. Annales historiques de la France. 2 vol. in-8°.

263 — Dictionnaire des girouettes en 1815. 1 vol. in-8°.

264 — Miscellancées. Feuilleton du *Propagateur*. 3 vol. in-8°.

265 — David. Histoire de Russie. Belles gravures à la sanguine. 1 vol. in-4°.

266 — Livre aux serments, avec nombreuses planches et sceaux.

267 — Galerie lithographiée de Son Altesse Royale le duc d'Orléans. (2 magnifiques in-f°.)

268 — Vues des champs de batailles en Italie par Napoléon Ier. 1 vol. in-f°.

269 — Atlas des principales batailles de la République française et du Consulat. 1 vol. in-f°.

270 — Atlas ancien (Rare).

271 — Terninck. Le Cierge d'Arras et Notre-Dame de Joyel. 2 vol. in-8°.

272 — Deux Atlas anciens.

Livres de Droit

273 — Demolombe (Œuvres de). 29 vol.

274 — Devilleneuve. Lois et arrêts. Collection.

275 — Paul Cauwès. Économie politique. Cours de procédure.

276 — Troplong (Œuvres de).

277 — Journal des avoués, 90 vol.

278 — Claude de Ferrière.

279 — Répertoire de jurisprudence.

280 — Almanach de Gotha, illustre, année 1794.

281 — Sous ce numéro, lot de chansonniers, almanachs et les livres omis.

Mobilier moderne

Un bel ameublement de salon de style Louis **XIV**, en acajou sculpté, garni d'étoffe laine et soie (deux canapés, six fauteuils, 6 chaises). — Tentures assorties.

Plusieurs ameublements de chambres à coucher en acajou, comprenant: lits, vide-poches, commodes, toilettes-commodes, armoires à glace, secrétaires, toilettes, canapés, crapauds, chaises, fauteuils, tapis, rideaux, plusieurs garnitures de cheminées en bronze et marbre, dont une de o,8o de hauteur, grandes glaces, une belle paire de lampes en porcelaine montées sur bronze doré, vaisselles et quantité d'autres objets non spécifiés.

www.ingramcontent.com/pod-product-compliance
Lightning Source LLC
LaVergne TN
LVHW011027180726
843502LV00007B/2775